AF435975

* 9 7 9 8 8 8 5 3 0 7 6 7 3 *

सफर-ए-सुहाना

गरिमा प्रसाद

Made with ♥ on the Notion Press Platform
www.notionpress.com

मैं अपने सभी दोस्तों और परिवार के सदस्यों को धन्यवाद देना चाहती हूँ जो हमेशा मेरा समर्थन करते हैं चाहे कुछ भी हो।

प्रिय पाठक,

मुझे खुशी है कि आप लोग मेरे लेखन को पसंद करते हैं! धन्यवाद! आपके निरंतर समर्थन के लिए। मैं आपको केवल कुछ शब्दों में धन्यवाद नहीं कह सकती क्योंकि आप लोग मेरे लिए बहुत मायने रखते हैं।

इससे कोई फर्क नहीं पड़ता कि लोग मेरा कितना समर्थन करते हैं, लेकिन मुझे व्यक्तिगत रूप से लगता है कि मैं अपने लेखन कौशल में सुधार कर रही हूं।

जो वास्तव में मेरी कविता के टुकड़ों से प्यार करते हैं।

मैं तुम्हें अपने जीवन में पाकर धन्य हूं।

साथ देने के लिए धन्यवाद...!

ढेर सारा प्यार!

~ गरिमा प्रसाद

क्रम-सूची

क्रम-सूची

भूमिका

मेरा नाम गरिमा प्रसाद है। मैं नई दिल्ली की रहने वाली हूँ.
कविताएं लिखना मेरे लिए सुकून है अगर कविताएं न लिखूँ तो
मुझे बेचैनी रहती है. किसी को कलम इतना मशहूर कर देती है की
अगर चंद दिन कुछ नया न लिखो तो जीवन में खालीपन लगने
लगता है. मेरे जीवन के जो दुःख मेरा कभी पीछा नहीं छोड़ते
वो मुझे अक्सर लिखने के लिए प्रेरित किया करते है. कविताएं
अक्सर अपना अकेलापन बांटने के लिए लिखी जाती हैं मुझे कभी
इश्क नहीं हुआ क्योंकि इश्क का मतलब मैं नहीं जानती हूं मगर
मुझे ऐसा लगता है मुझे अपनी कलम और अपने लेखनो से इश्क़
है.
मैं कविताओं और उद्धरणों के माध्यम से अपनी भावनाओं और
विचारों को व्यक्त करने की कोशिश करती हूँ |

अनुक्रमणिका

1. ज़िन्दगी के इस सफर में

गांव से शहर तक की दुरी भी अब

कुछ घंटे में तय कर जाते है

जीवन की इस पहेली को

भला लोग कैसे कैसे सुलझाते है

सुबह के निकले मुसाफिर

सांझ ढले लौटकर आते है

भाग दौर भरी इस ज़िन्दगी में

फिर सुकून की नींद भी कहाँ पाते है

पर तय है ये हर संघर्षी अपने जीवन में

अपनी एक अलग पहचान बनाते है.

2. ये शहर मेरा खामोश लगता है

ज़िन्दगी के इस सफर में

हर दिन एक नया मोड़ आया

अपनों ने छोड़ा साथ

तो गैरो ने गले लगाया

जीवन की इस पहेली को

सहज सहज हमने सुलझाया

आगे बढ़ने की ललक में

अपनों तक से बिछड़ जाते है

न कुछ खास यहाँ

न बिछड़ा हुआ फिर पास लगता है

उलझा हुआ है सब यहां

न नजदीकियों का एहसास लगता है

बदल रहा है शहर मेरा जहां सब खामोश लगता है

न पंछीयो का शोर कही

न फिर अब सुकून लगता है

खोए हुए है सब यहां

न मिलने की फिर से कोई आस रखता है

बदल रहा है शहर मेरा जहां सब खामोश लगता है

किताबो में कैद सभी अल्फ़ाज़ करते है

जमाने से लोग खुद को जुदा रखते है

उठाते है सोशल मीडिया पर आवाज़
असल ज़िन्दगी में अपना किरदार खामोश रखते है

3. बस का सफर

घर से निकलते ही थोड़ी दूर

भागती हुई मैं

किसी स्टैंड पर ठहर जाती हूँ

फिर आता है एक सवाल ज़ेहन में

मैं हर दफा कुछ न कुछ कैसे भूल जाती हूँ

तभी रूकती है कोई बस समाने मेरे

थोड़ा सेहमी हुई

फिर पूछ ही लेती हूँ

ये मेरे रास्ते हो कर जाती है?

मैं मुसाफिर रास्तों की न सोचती हूँ

फिर ज्यादा कुछ बस चढ़ जाती हूँ

भरी है बस कोई न कोई किसी के साथ आया है

एक मैं ही अकेली न मेरे पीछे ज़माना आया हैं

लम्बा है सफर तन्हा कैसे काट पाउंगी

एक बार तो ख्याल आया

खिड़की से झाँका तो खिड़की, बादल , पेड़

इन सबको अपने करीब पाया

सड़को पर उथल पुथल सी चलती ये बस

किसी मोड़ पर थम सी गयी

हर मुसाफिर अपनी मंज़िल पर उतरा

एक मैं ही अपना रास्ता भटक सी गयी.

4. एक किताब सी ज़िन्दगी मेरी

एक खुली किताब सी हैं

ये ज़िन्दगी मेरी

जिस पर कहीं खुशी के पल

तो कहीं गम लिखा है

जिस पन्ने पर फिर भी जैसा लिखा है

मैंने हर पन्ने को उतनी ही खूबसूरती से पढ़ा हैं

कभी किसी सुबह कोई साथी मिला

तो शाम ढले वो भी बिछड़ा है

कभी किसी पन्ने पर खाली सी खामोशी कोई

तो किसी पर शब्दो में दर्द छिपा है

कागज़ बेशक पुराना सा

मगर गत्ता आज भी नया सा है

अब बस इस भरी भरी किताब में ढूंढ रही हूँ

अंत लिखा कहाँ है.

5. मेट्रो

कभी मेट्रो सी भागती ये ज़िन्दगी
तो कभी ठहरते से हम
कभी प्लेटफार्म पर भटकते
तो कभी किसी स्टेशन पर उतर जाते है
कभी सफर में साथ किसी के
तो कभी तन्हा निकल जाते है
खड़े हो कर मेट्रो के सामने
कभी कभी कितने सवालों में उलझ से जाते है
मेट्रो तो रहती है फिर भी चलती मगर
हम ही कहीं न कहीं थम से जाते है.

6. शहर तेरा

तेरे शहर में इतनी भीड़ हैं

कहीं लापता न हो जाऊं मैं

पकड़े रखना हाथ मेरा

कहीं इस भीड़ में न खो जाऊं मैं

न रास्तो का पता मुझे

न यहां मेरा कोई ठिकाना है

जो फिरि नज़र तुम्हारी हमसे

कहीं पल भर में ओझल न हो जाऊं मैं

चारो तरफ फरेब यहां

मतलब के रिश्तो से खुद को घेरे है

संभाले रखना तुम हमेशा मुझको

कहीं इस तमाशाही शहर में तमाशा न हो जाऊं मैं

चेहरा एक नक़ाब हज़ार है

होते कुछ है

बनते कुछ और है

शहर में तेरे किरदार बहुत हैं

साथ रहना तुम हर वक़्त मेरे

कहीं शोर से तेरे इस शहर में

खामोश न हो जाऊं मैं.

7. सफर

सफर में कोई साथी मिला
जिसके साथ सफर का पता न चला
कुछ कहा नहीं मगर
एक सुकून था
ये सफर मेरा तन्हा नहीं कटा
पहले रहती थी उदास थोड़ी
फिर चेहरे पर ख़ुशी रहने लगी
सफर में था थोड़ा सुकून कहीं
जो फिर कही खो गया
जो मुसाफिर था जिन रास्तों का वो उस रास्तें हो गया
गुजर गया फिर सफर यूहीं,
रह नहीं गयी कोई शिकायत बाकी
सफर का सफर तो कट गया
फिर भी रह गयी
न जाने कैसी ये उदासी.

8. मैं कहाँ हूँ?

मैं न यहां
मैं न वहाँ हूँ
मैं ही बेखबर हूँ इस बात से की
आखिर मैं कहाँ हूँ
मेरे रास्तें रूठे मुझसे
मेरी मंज़िल लापता है
मैं हूँ तो मुसाफिर इन रास्तों की
मगर न मालुम अब जाना कहाँ है.

9. रेलगाड़ी का सफर

एक शहर से दूसरे शहर की
ओर बढ़ना दिल का टुकड़ा
छोड़ जाने जैसा होगा
ये सफर रेलगाड़ी का
आखिर तक कितना कठिन रहा होगा
यादों को समेट कर बस्ते में
नमी आँखों से अपने शहर को देखा होगा
कितना भरा हुआ होगा मन
जब रुक कर अपनों को अलविदा कहा होगा
जब बैठ कर
रेलगाड़ी की खिड़की पर
पीछे छूटता सब देखा होगा
घंटे भर का सफर शोर से
कुछ देर बाद थम गया होगा
कितना घबरा रहा होगा मन तब
जब पराये शहर की भीड़ में
शख़्स तन्हा हो गया होगा.

10. बनारस (प्रेम से भरा शहर)

बनारस केवल शहर नहीं
एक ख़ूबसूरत सा एहसास है
भोले का रहता जहां हर दम वास है
मन में आस्था
दिल में हर कोई प्रेम लिए फिरता है
इस शहर में हैं ऐसी कुछ ख़ास बात तो जो
यहां हर कोई अपना बना लिया करता है
थका हारा मन भी
सुकून पा लेता है,
जो इंसान यहां गंगा नहा लेता है.

11. मुसाफिर

न मंज़िल की फ़िक्र कोई
न रास्तों पर ठहर जाना है
खुद की तलाश में
बस अब चलते जाना है
समंदर की लहरों की तरह
बस बहते जाना है
चल रही हूँ
अनजान मोड़ पर
न मेरा कोई ठिकाना है
मुसाफिर हूँ इन रास्तों की
अकेले ही
इस सफर से गुजर जाना है
छोड़ कर पीछे रिश्ते सारे
बस अब तन्हा ही बढ़ते जाना हैं.

12. दूरियां

दूरियां!
दूरियां नजदीकियों का एहसास नहीं
जो शख़्स चाहिए था मुझे
एक वो ही मेरे पास नहीं
राही बिछड़ गए
रास्तों पर कुछ इस तरह की
मंज़िल पर मुलाक़ात हो जाए
अब ऐसी भी हमारे बीच कोई बात नहीं
यादों के दरमियान कैद हो गयी
जो बातें कहनी थी जरुरी वो सारी अवैध हो गयी.

13. गुजर ही जाना था

न जीने की वजह थी
न मेरी उम्मीदों का कोई ठिकाना था
हार तो उसी दिन गयी थी मैं
जब मुश्किल सा हो गया
मेरा ही संभल पाना था
मगर था तो वो गुजरा कल ही
जिसे एक न एक दिन तो गुजर ही जाना था
चेहरे पर होती थी अक्सर खामोशी मेरे
अंदर बहुत शोर रहता था
मुस्कुराती भी तो भला कैसे मैं
मन में जो हर वक्त मेरे यादों का
बोझ रहता था
मगर था तो गुजरा कल ही
जिसे एक न एक दिन तो गुजर ही जाना था.

14. सब कुछ कितना बदला सा है

सब कुछ यहां लग रहा

कितना बदला सा है

जैसे बदल गया है

अब स्वभाव तुम्हारा

खिल जाया करते थे पहले

बिन मौसम ही फूल यहां

अब जो गए है मुरझा

तुम्हारे चेहरे की तरह

चारो तरफ धुल की परत लग गयी

बिल्कुल तुम्हारे मन में पनप रही

गलत फेहमियो की तरह

चाहे कितनी भी भीड़ हो तलाश लेते थे तुम्हे

आज बंजर सी इस जगह में भी

लापता से हो तुम.

15. तुमसे बिछड़े

अब यूँ न कहना
बिछड़े तो मिलने की
कोशिश नहीं की हमने
तुम्हारे रास्तों तक से
हो कर गुजर गयी
एक तुमने ही कभी
सामने से पहल नहीं की
तलाश शहर भर में
करी होंगी मैंने तुम्हारी
इतना भी है यकीन मुझे
इतनी सी भीं नहीं रही होंगी
कोशिश तरफ से तुम्हारी
ज़िन्दगी में बहुत लोग होंगे तुम्हारे
इसलिए शायद भुला दिया होगा
किरदार हमारा
ख़ास है मेरे लिए ये
किरदार तुम्हारा इसलिए
कभी भुलाई नहीं जाएगी
हमसे ये छवि तुम्हारी.

16. जीवन के बाद

जीवन के बाद भी तो

कुछ होता होगा

शायद ज़मी से जाने के बाद

कोई बादलो में छिप कर सोता होगा

जब शरीर भी हमारा साँसों से जुदा होता होगा

जरूर कोई बाहें फैलाए इंतज़ार में होता होगा

जब कभी लफ्ज़ चुनना मुश्किल हुआ होगा

तब भी शायद कोई

खामोशी को हमारी सुन लेता होगा

दर्द जब कभी आँखों से हमारे झलकता होगा

देख कर ऐसे आस्मां से हमे

किसी अपने का दिल दुखता होगा

शायद तभी कभी-कभी

बिन मौसम ही बादल बरसता होगा.

17. ये सफर जिंदगी का

ये सफर जिंदगी का
इसका मुश्किल हर मोड़ हैं
कहीं खामोशी तो
कहीं शोर हैं
परिस्थितियों से जूझ रहा
यहां कहीं न कहीं
कोई हर ओर हैं
मिलना न मिलना तो केवल
किस्मत का दस्तूर है
क्युकीं जो मिला है
उसे बिछड़ना जरूर हैं.

18. पंछी

बेड़ियों के पीछे ये क्या देखूं
तुम खोलो तो न जहां देखूं
कर दिया है जो लाकर तुमने
पिंजरे में कैद मुझको
उड़ूं तो मैं भी खुला आकाश देखूं
तेरे इस पिंजरे में घुटन लगती है
ज़िंदगी भी मुझे मेरी इसमें कम लगती है
तुम खोलो कभी पिंजरा मेरा
और यूँ मुझे खिड़की से उड़ा देना
छोटा सा ये जहां मेरा
मुझे मेरे जीते जी तुम थमा देना.

19. सफर साथ तुम्हारे

साल भर का सफर साथ तुम्हारे
फिर बिछड़ जाओगे तुम
किसे था मालूम फिर
न कभी नज़र आओगे तुम
एक दो दफा में ही गुजर गयी
उन रास्तों से हो कर
दिखे कई चेहरे मगर
किसे पता था
इन चेहरों में भी न नज़र आओगे तुम
कुछ रहा वही
कुछ गया बदल
जैसे मैं रह गयी पहले जैसे ही
और बदल गए तुम.

20. तेरा शहर छोड़ जाउंगी मैं

मैंने सोचा है तेरा

शहर छोड़ जाउंगी मैं

पर जब जाउंगी तो अपनी एक

निशानी छोड़ जाउंगी

ढूंढने पर भी न फिर

मैं किसी को नज़र आउंगी

जब भी आउंगी केवल याद ही आउंगी

जाते जाते भी फिर मैं किसी को

गले से न लगाउंगी

लगा लिया अगर गले तो फिर जा नहीं पाउंगी

भर का यादों का बक्सा

संग अपने में ले जाउंगी

भय होगा तो केवल इस बात का

अपने शहर को छोड़ कर

किसी पराये शहर की

हो जाउंगी मैं

मैंने सोचा है तेरा

शहर छोड़ जाउंगी मैं.

21. भटके परिंदे

कल के बिखड़े
किसी दिन संवर जाएंगे
रास्तां भटके परिंदे भी
घर को लौट आएंगे
उठते है जो हाथ
आज तमाचा मारने
एक दिन इन्ही हाथो से
ये तालियां बजाएँगे
जैसे जैसे बदलेगा
वक़्त हमारा
यहाँ सब बदल जाएंगे.

22. मेरे जाने के बाद

मेरे आखिरी वक़्त में रोने वालो
मुझे जीते जी कभी हंसाया होता
ये जो लगी है आज जाने पर
भीड़ मेरे
कभी जीते जी ऐसा मेला लगाया होता
आज सुनने को जो आवाज़ मेरी बेचैन हो रहे हो
कभी दो वक़्त ही साथ हमारे बिताया होता
ये जो अब मुझे अपना बता रहे हो सब
कभी असल में अपना बनाया होता
ये जो तारीफें है
अब ये सब बेफिज़ूल हैं
बात होती अलग अगर कभी
असल में ऐसे सराहा होता.

23. कौन हूँ मैं?

कौन हूँ मैं?
एक मुस्कुराते चेहरे के पीछे
रहस्यमयी किरदार हूँ मैं
लोगो की नज़र में खुश मिज़ाज़
मगर कई महीनो से बेवजह ही खुद से नाराज़ हूँ मैं
ज़ेहन में उतरा है ये सवाल आज
आखिर कौन हूँ मैं?
जिस महफ़िल में जाऊं मुस्कुराती ही रहती हूँ
दिल दुखता है किन बातों से मेरा
ये मैं जमाने से कहाँ कहती हूँ
खुद के सवालों में उलझ गयी ज़िन्दगी मेरी
जब आईना बताता रहा हक़ीक़त मेरी.

24. किरदार मेरा

मेरी हक़ीक़त ही मेरी कहानी है
मेरी हर राहें अनजानी है
बीते पल को समेत कर
मैंने आज भी हर याद संभाली है
दुनिया के शोर में
खामोश सा किरदार मेरा
मुझे समझ सके कोई
ऐसा न कोई जानकार मेरा
जमाने से मैं मिलती नहीं
मैंने खुद की ही दुनिया बनाली है
बिछड़ जाते है लोग हर राह पर
इसलिए मैंने अकेले ही चलने की ठानी है.

25. चेहरा भी कहता है

वो शख़्स कितना अकेला है
अपनी आँखों से कहता है
मुस्कुराते चेहरे के पीछे
दर्द को छिपाता हुआ
वो शख़्स बीते कल में जीता है
चार दीवारों में यादों को
समेटता हुआ
वो शख़्स आसूं को पीता है
भीड़ से जुदा
तन्हा हो कर
वो शख़्स ज़िन्दगी को जीता है.

26. खत

किसी अनजाने शहर में
किसी कमरे के कोने में बैठ
सब यादों को मैं दोहराना चाहती हूँ
न सुन सके कमरे की दीवारे भी अब मुझे
मैं इस कदर खामोशी चाहती हूँ
मैं लिखना जो तुम्हे कुछ लफ्ज़ चाहती हूँ
आज के इस आधुनिक जमाने में
खुद को पीछे ढालना चाहती हूँ
भूल आए है जो रीत सभी
मैं एक बार फिर वो समाँ अपनाना चाहती हूँ
यूँ शब्दो में कर बातें मन की तुम तक
पहुँचाना चाहती हूँ
अपनी नादान सी इस ख्वाइश को पूरा कर
मैं लिखना जो तुम्हे कुछ लफ्ज़ चाहती हूँ.

27. मौत का परिचय

मेरी महफ़िल को बड़े शौक
से सजाया जा रहा था
मेरी ख्वाहिशों को मेरी आँखों के
सामने जलाया जा रहा था
और बहुत शोर था मुझमे
जो बेहद शोर कर रहा था
उसे बड़े प्यार से कही दफनाया जा रहा था.

28. सोया हुआ फिर कभी जागता हैं क्या?

सो जाए अगर कोई तो फिर जागता हैं क्या
मौत से ज़िन्दगी मांग कर फिर कभी कोई लौटता हैं क्या
क्या एक बार सो जाने से फिर कभी वो जागता है क्या
अपनों की चींखे सुन कर क्या कोई लौटता हैं क्या
जब उसके सपनों को सुलाया जाता है तो क्या वो जागता
है क्या
एक बात बताए कोई
ये जहां छोड़ कर जब कभी कोई जाता है
तो फिर वो कभी लौटता हैं क्या.

29. काश!

कभी उन्ही सफर से
उन्ही रास्तों से गुजर जाती
इस बेरहम चुप्पी को
लफ्ज़ो में बदल पाती
काश ! मैं बिछड़े अपने किरदार से
किसी मोड़ पर टकरा पाती
न उम्मीद किसी से
न अपना पल भर में किसी को समझ जाती
इस चेहरे की मुस्कराहट से
न फिर किसी गम को छुपाती
काश! मैं बिछड़े अपने किरदार से
किसी मोड़ पर टकरा पाती
न समझ होती दुनिया की मुझे
न हर किसी से यूँ मुलाक़ाते बढ़ाती
जो बिछड़ रहा होता मुझसे
मैं भी हँस कर उनसे दूरियां बनाती
काश! मैं अपने बिछड़े किरदार से
किसी मोड़ पर टकरा पाती.

30. खो जाना हैं मुझे

किसी दिन ऐसे गुजर

जाना है मुझे

फिर कभी किसी को

नहीं नज़र आना है मुझे

पुकारेंगे सब नाम मेरा

फिर भी लौट कर नहीं आना है मुझे

खोजने से भी

न मिलूंगी फिर

तेरे शहर में ऐसे गुम

हो जाना है मुझे.

31. तुम

मैं सरल सी हिंदी भाषा
तुम किसी कठिन भाषा से हो
मेरा किरदार जितना सादा सा
तुम उतने ही इतराते से हो
तुम बिन मैं अधूरी सी
मुझ बिन तुम जैसे पूर्ण से हो
मेरी लिखी कविताओं का सार हो तुम
मैं यही कहीं तो जैसे जमना पार हो तुम
मैं सुलझी सी सोच वाली
तुम उल्झे आज भी पुराने विचारो से हो
मेरा कोई अर्थ नहीं है जीवन में तुम्हारे
तुम फिर भी पूरी परिभाषा से हो जीवन में हमारे.

32. यादें

जो चला गया बेहद
प्यारा था मुझे
इस सफर में एक बार फिर से
उनसे टकराना था मुझे
अब हैं यादें साथ तो रुला ही देती है
ख्वाहिश थी की आखिरी बार उन्हें
देख कर मुस्कुराना था मुझे.

33. कलम

दिल ही दिल में
एक कहानी बन रही है
कौन जाने अंदर क्या गुजर रही है
खालीपन सा जीवन
हमारा हो गया
खुद से ही मिले हमे ज़माना हो गया
भीतर से मार ही देती मुझे
तन्हाई कब की
वो तो कलम एक मात्र मेरे
जीने का सहारा हो गया.

34. ज़िन्दगी

कभी ख़ुशी तो कभी
चेहरे पर उदासी है
छूट ही जाता है
एक दिन हाथ सबसे
सफर भर तक का
न रहता कोई साथी है
क्यों अपना आज कल को
सोचने में बर्बाद करना
ज़िन्दगी ही तो है
जितनी मिली काफी है.

35. खोए हुए

खोए हुए की तलाश करे
कभी तो कोई ये एहसास करे
खो गए है
जो रिश्ते न जाने कहीं
क्यों न मिलने की फिरसे
मंज़िल पर बात करे
जमाने में न जाने कब कहाँ
पल भर में बिछड़ जाते है
लोग कई
कभी तो किसी राह पर टकराने की कोई
फ़रियाद करे
कभी तो कोई खोए हुए को याद करे.

36. आवाज़

जुल्म को मत सहो
जो सच है वो कहो
पाबंदी लगाएगा ज़माना
तुम तोड़ कर इन्हें आगे बढ़ जाना
धमकाएँगे डराएंगे ये हर कदम पर तुम्हे
बस तुम मत घबराना
दुनिया तो चलती है
भीड़ में मगर
तुम तन्हा ही आगे बढ़ते जाना
शब्दो को अपनी खामोशी में न छिपाना
साहस से अपने अपनी बुलंद आवाज़ उठाना.

37. बदलते रिश्ते

किसी ने याद न किया

कोई याद न रहा

ज़िन्दगी में हमारी

हर वक़्त

कोई खास न रहा

बदल गयी ख्वाइशे

नया कोई ख्वाब न रहा

जब जब देखा उलझता

खुद को कोई पास न रहा.

38. नहीं जाना चाहिए था

ऐसे भी नहीं जाना चाहिए था
रुक कर पहले गले से लगाना चाहिए था
अगर नहीं समझ रही थी मैं
तुम्हें फिर भी समझाना चाहिए था
हाँ मगर जैसे चले गए हो तुम
ऐसे नहीं जाना चाहिए था...!

39. मेरा जाना

मेरा जाना थोड़ा खामोशी सा होगा
जब लौट आने का कोई इरादा न होगा
होंगी कई कोशिशें मुझे तलाशने की
मगर मिल जाने की कोई
आस न होंगी
आएगा वो दिन भी कभी
जब मेरे जाने के बाद
किसी की जुंबा पर
मेरे सिवा कोई
बात न होंगी.

40. ख्वाब...!

बंदिशे अपनी ख्वाहिशों पर
लगाए बैठे है
ख्वाब है कई
जो आँखों में सजाए बैठे है
कभी कोई दरवाजा खुलेगा
तकदीर का हमारी भी
बस यही उम्मीद लगाए बैठे है.